로켓맨

ROCKETMAN

Acknowledgements

Many thanks to the following photographers whose remarkable
work is represented in these pages:

David LaChapelle
Richard Pereira/Art Direction by Terry O'Neill
Gavin Bond
David Appleby
Nick Wall

The publisher would also like to thank the following people for
their invaluable assistance with this book:

At Rocket Pictures: Rachael Paley

At MARV Films: Emily Castel

At Paramount Pictures:
   Worldwide Photography:
   Holly Connors
   Denise Cubbins
   Licensing:
   Risa Kessler
   Sabi Lofgren

Photo credit
Page 160 Michael Kovac/Getty Images for EJAF.

Editorial Director: Roland Hall
Design: Russell Knowles
Production: Rachel Burgess
Text: Malcolm Croft

로켓맨 : 공식 인사이드 스토리북

초판 1쇄 펴낸 날 2019년 8월 14일

지은이 맬컴 크로프트

옮긴이 공경희

펴낸이 장영재

펴낸곳 (주)미르북컴퍼니

전 화 02)3141-4421

팩 스 02)3141-4428

등 록 2012년 3월 16일(제313-2012-81호)

주 소 서울시 마포구 성미산로32길 12, 2층 (우 03983)

E-mail sanhonjinju@naver.com

카 페 cafe.naver.com/mirbookcompany

| 일러두기 |

원어는 맨 처음 언급될 때만 병기하였습니다.

인명 표기는 문장 부호 없이 영문으로만 표기했습니다.

로켓맨

ROCKETMAN

공 식 인 사 이 드 스 토 리 북

서문

엘튼 존

미르북
컴퍼니

★ CONTENTS

서문
엘튼 존

내 인생을 다룬 판타지 뮤지컬을 제작하는 프로젝트는 꽤 초현실적인 것처럼 느껴진다. 정말 그렇다. 아니, 초현실 그 이상이다. 이 야심찬 프로젝트가 현실이 된다면 나는 행운아 일거라고 생각했다. 더구나 이런 재능 많은 영화팀과 창작팀이 영화를 만든다면 말이다. 그 중 여럿과 친한 친구가 되었으니 내게는 축복과도 같은 일이다. 마법 같은 경험도 했다. 물론 몇 번인가는 의구심이 들기도 했다. "도대체 어떻게 시작하려나?" 다들 어떻게 정신을 차리려는지 모르겠다.

덱스터 플레처Dexter Fletcher, 데이비드 퍼니시David Furnish, 매튜 본Matthew Vaughn, 애덤 볼링Adam Bohling, 데이비드 리드David Reid 그리고 리 홀Lee Hall이 합심해서 이 일을 가능하게 만들었다. 그들이 나를 위해 이 프로젝트에 흘린 땀과 눈물에 대해 내 생이 다할 때까지 감사할 것이다. 또 내 인생이 어우러지게 도와준 이들을 생생하게 표현해준 멋진 배우들에게 고마움을 전하고 싶다. 특히 모든 장면에 등장하는 태런Taron에게 말이다.

"매일 나로 변신해서 연기하기 몹시 힘들었을 텐데 당신만의 품위와 열정으로 임해줘서 고마워요! 모든 제작진이 당신의 재능과 열성에 경외심을 느끼는 게 당연합니다."

또 제작에 관련된 모든 분들, 전설적인 음악감독 자일스 마틴Giles Martin, 촬영감독 조지 리치먼드George Richmond, 편집감독 크리스 디킨스Chris Dickens, 조감독들, 제작과 세트 디자이너들, 댄서들, 촬영장 섭외 매니저들, 분장 담당자들, 대단한 의상 디자이너 줄리언 데이Julian Day. 감사합니다. 여러분 덕분에 내가 얼마나 운이 좋은 삶을 살았는지 새삼 느낍니다. 내 삶이 정신없었던 건 분명하군요..

근데 그 다음에는 무슨 일이 벌어질까요?

CHAPTER 1   시나리오에서 스크린으로

시나리오에서 스크린으로

2011년 9월 이후 엘튼의 인생사를 시나리오에서 스크린으로 옮기는 여정은 그의 삶을 재연하는 예술이었다. 몇 번 가다 서다를 반복한 후 2018년 8월 드디어 《로켓맨Rocketman》이 카메라 앞에서 발사되었다. 감독은 《선샤인 온 리스Sunshine on Leith》《독수리 에디Eddie the Eagle》를 연출했고 수상 경력이 있는 덱스터 플레처였다. 하지만 역시 수상 경력이 있는 시나리오 작가 리 홀에게 엘튼 존의 인생사를 글로 옮기는 일은 여느 작업과 달랐다. 운명으로 느껴질 정도로 말이다.

"엘튼과 오랫동안 이 작업을 했습니다. 정말 대규모의, 넋이 나갈 만한 테크니몽 작업이죠." 홀은 2014년 BBC 방송에서 시나리오에 대해 이렇게 말했다.

《로켓맨》은 리 홀과 엘튼이 두 번째로 함께 한 작품이다. 앞 둘은 홀의 웨스트엔드 연극 《댄서Dancer》의 원작으로 2000년 스티븐 달드리 감독이 연출한 《빌리 엘리엇Billy Elliot》에서 만난 적이 있었다. 소년 발레리노를 그린 이 영화는 토니상 수상작이 되었다.

홀은 설명했다. "엘튼과 대화하면 할수록 그가 빌리 엘리엇이었음을 깨닫게 되더군요. 엘튼은 열세 살 무렵에 로열 아카데미The Royal Academy에 입학해 클래식 피아노를 공부하다가 엘비스 프레슬리Elvis Presley를 알게 되었고 이후의 이야기는 역사라고 부를만 합니다."

홀은 《로켓맨》을 어떤 면에서는 《빌리 엘리엇》의 연작으로 여기면서 전설적인 주인공을 가까이 느낀 덕분에 엘튼의 동기와 불안정한 면을 친밀하고 독특하게 조명할 수 있었다. 엘튼도 홀을 잘 알고 신뢰했기에 대본 집필에 놀랄 만한 재량권을 주었고, (엘튼은 대본에 대해 한 번도 코멘트한 적이 없습니다. 전혀 간섭하지 않았지요) 또한 작가가 멋진 공상의 나래를 펴서 웅장한 장면을 그리게 해주었다. 다른 시나리오 작가들은 감히 누리거나 허락받지 못할 권한이었다. "전부 노래고 전부 춤입니다." 홀은 대본 초고를 그렇게 간단히 요약했다.

"대본이 어찌나 끝내주던지 넋이 나가더군요."

리처드 매든RICHARD MADDEN

"《로켓맨》은 근본적으로 다른 부류의 전기 영화가 될 겁니다." 2011년 책임 프로듀서 중의 한 명인 스티브 해밀튼 쇼Steven Hamilton Shaw가 처음으로 밝힌 말이다. "엘튼의 인생만큼이나 독특한 영화가 될 거고, 결과를 예측할 수 없고 시각적이어서 관객이 강렬한 경험에 빠질 겁니다. 좋은 경험, 안 좋은 경험 모두 들어 있겠지요. 그래서 아티스트, 뮤지션, 인간으로서 엘튼을 이해하는 데 도움이 될 겁니다." 난관도 많았지만 프로듀서들은 흔들리지 않고 이 지향점을 고수했다.

홀이 시나리오를 집필하고 5년이 지난 2018년 4월, 덱스터 플레처가 프로젝트의 감독으로 확정되었다. 카메라 촬영 이전에 프로듀서인 매튜 본의 주도로 사전 작업이 진행 중이었다. 플레처 감독은 말한다.

"난 2년간 그들과 가까이 있었고, 태런 에저튼Taron Egerton과 《독수리 에디》를 제작한 오랜 친구 매튜 본이 관여한다고 들었습니다. 매튜가 나에게 이 일을 하자고 얘기하기 시작하던 참이었어요. 그게 그 친구의 방식입니다. 굉장히 영리해요. 나야 그 말을 무시할 만큼 똑똑하지 못하니까 그냥 '그러지 뭐'라고 대답했죠."

늘 그렇듯 홀의 시나리오는 플레처의 상상력에 불꽃을 튀게 하는 힘과 능력이 있었다.

"리 홀의 시나리오를 읽으면서 재활기관에 앉아 있는 사내로 영화가 시작되리란 걸 알았지요." 그가 말을 이었다. "'난 알코올중독자 입니다, 코카인 중독이고 폭식증에 걸렸죠'라고 생각이 들더군요. 그래요. 인간의 7가지 죄의 목록이에요. 또 다들 안다고 생각하고 이 영화에서 풀어낼 인물의 심리가 담겼어요. 그 부분에 끌려 참여하게 됐습니다."

맞은편 촬영장 뒤에서 덱스터 플레처 감독이 프로듀서인 엘튼 존, 데이비드 퍼니시와 세트 디자인을 의논 중이다.

위 3D 카드 모델을 이용한 《파크랜즈 병원
Parklands Hospital》 세트를 상의하는 플레처,
퍼니시 그리고 엘튼.

오른쪽 촬영장에서 프로듀서인 매튜 본과
덱스터 플레처 감독.

맞은편 위 놀이시설 장면의 재미있는 컷에 대해
말하는 엘튼.

맞은편 아래 미술 감독 마커스 롤랜드Marcus
Rowland : "그 카드 모델로 장면을 떼어내서,
안무를 넣을 곳과 조명이 더 들어가야 될
공간을 결정할 수 있지요."

★ CHAPTER 2　엘튼이 되는 일

엘튼이 되는 일

《로켓맨》에서 태런 에저튼은 완벽한 엘튼 존이 되었다. 엘튼이 된 29세의 배우를 한 번 보면, 전설적인 구두와 굽이 15센티미터나 되는 플랫폼 부츠를 그보다 잘 소화할 사람이 떠오르지 않는다.

2018년 4월, 엘튼 역을 에저튼이 맡는다고 발표되었다. 2011년 이후 톰 하디Tom Hardy와 저스틴 팀버레이크Justin Timberlake를 비롯해 여러 젊은 배우들이 하마평에 올랐다. 이번에도 홀이 시나리오를 쓰고 에저튼이 주연을 맡은 게 큰 인연으로 느껴진다.

에저튼은 《라디오 엑스Radio X》에서 말했다. "2016년에 《킹스맨: 골든 서클Kingsman: The Golden Circle》을 촬영할 때 이야기가 오가기 시작했죠. 저는 속마음을 감추지 않고 꼭 이 역을 하고 싶다고 말했습니다."

얼마 지나지 않아, 에저튼은 엘튼 존과 《로켓 픽처스Rocket Pictures》의 프로듀서들에게 합격점을 받았다. 《로켓 픽처스》는 엘튼과 데이비드 퍼니시의 영화제작사다. 예기치 않게도 2016년 에저튼이 《싱Sing》에서 고릴라 자니로 노래한 것이 오디션이 되었다. 그는 이렇게 털어놓았다.

"엘튼이 '아이 엠 스틸 스탠딩I'm Still Standing'을 듣고 마음을 정한 것 같아요."

에저튼은 엘튼으로 변하기에 앞서 엘튼과 데이비드의 자택을 방문했다. 그때 엘튼은 출판된 적이 없는 1970년대의 일기를 보여주었고, 그를 따로 불러 세 마디로 조언했다. "날 흉내내지 말아요."

에저튼은 이 조언을 희소식으로 받아들였다. "엘튼을 흉내내기보다 그의 정신을 포착하려고 애썼습니다. 이게 내가 생각하는 엘튼입니다. 다들 싫어할까 겁나네요!"

그것은 기우였다. 에저튼이 연기하는 인물과 작업팀은 그가 그려낸 우상의 모습에 감탄한다. 만약 엘튼 존이 평생 계속되는 배역이라면 에저튼은 다저스타디움Dodger Stadium의 엘튼처럼 보는 이들의 넋을 빼놓는다.

"태런은 엘튼처럼 보이고 들리고 노래하는 그 인물이지요." 엘튼이 사랑하는 계부 프레드 페어브라더 Fred Farebrother 역의 톰 베넷Tom Bennett은 그렇게 말했다.

"며칠간 모니터로 태런을 지켜보곤 했어요. 《유어 송Your Song》을 그저 가볍게 툭 부르더군요. 아마 47번쯤 불렀을 겁니다. 그런데 매번 마법 같고 아름다워서 듣는 사람이 눈시울을 붉혔지요."

플레처는 주연에 대해 이렇게 말했다. "항상 태런에게 엘튼 역을 맡긴 게 신의 한 수였다고 생각했습니다. 태런은 정말 호감이 가고 상처받기 쉬운 면을 가졌습니다. 다른 배우들에게 쉽게 찾지 못하는 면모지요. 기막히게 폭이 넓더군요. 하지만 그에게 있어서는 자기만의 세계를 설정 수 있는 게 굉장히 짜릿한 일이었지요. 태런처럼 몰입하는 배우의 경우, 눈물 콧물 다 짜고 땀을 흘리고 고함치고 윽박지르다가 노래하게 내버려두면, 그때는 아무도 못 말리지요."

분장사 리지 게오르규Lizzie Georgiou와 분장 팀의 최대 과제는 태런의 치아를 엘튼처럼 만드는 일이었다. 리지는 말했다.

"처음 대본을 읽고 엘튼의 사진들을 보기 시작하면서 맨 먼저 떠오른 것은 벌어진 치아였어요. 태런의 치아는 반듯하고 가지런한 하얀 색이에요. 엘튼의 치아는 아주 다르죠. 그래서 치아에 작업을 했어요. 우선 투명한 마우스카드를 입에 넣고 치아 사이를 약간 벌어지게 만들었죠. 그런데 감독님이 태런이 약간 혀 짧은 소리로 발음한다고 걱정하셨죠. 태런은 치아를 벌어지게 하려고 애썼어요. 그걸 인물의 특징으로 봤거든요. 그래서 결국 우린 틈새를 칠했죠! 내가 치아 전용 특수 문신 잉크를 구했어요. 치아가 반듯하지 않게 보이지만 사실은 물감을 조금 칠한 겁니다!"

맞은편 젊은 엘튼으로 분장한 태런 에저튼.

왼쪽 "항상 나는 내 자신을 배역에 던지고 싶었습니다"라고 태런 에저튼은 말했다. 더 나이튼 엘튼으로 분한 사진.
맞은편 태런이 엘튼의 의상을 입으면 근사해 보인다.

"모니터로 태런의 연기를 보다가 덱스터에게 눈을 돌리고 '와, 정말 잘 하네요.
감독님도 아시죠?'라고 자주 묻죠. 그러면 감독님은 '이미 알고 있어!'라고 대꾸하세요." 제이미 벨

인물 분장하기

《로켓맨》의 분장팀장 리지 게오르규가 알려주는 태런 에저튼이 엘튼 존이 되는 과정.

"처음 합류하니 덱스터는 이미 태런에게 영화에서 분장할 요소를 상세히 말해두었더군요. 태런은 다 받아들일 준비가 되어 있었죠. 기꺼이 머리를 밀고 머리카락 일부를 제모했고, 그래서 우린 머리가 벗겨진 가발을 씌울 수 있었죠. 태런의 경우 분장을 하고 보니 엘튼과 너무 똑같아서 놀랍죠. 엘튼이 처음 사진들을 보고 본인인 줄 알았다네요. 그거야말로 최고의 칭찬이죠!"

아래 왼쪽 촬영 중간에 트레일러에서 휴식을 취하는 에저튼.
아래 오른쪽 엘튼과 부모가 레스토랑에서 만나는 중요한 장면이어서 감정적인 연기가 요구된다.
맨 아래 《트루바도 Troubadour》의 백 스테이지에서 엘튼
맞은편 엘튼의 묘한 무대 의상을 입은 에저튼
뒤페이지 엘튼 역의 에저튼. 데이비드 라카펠레 David Lachapelle 촬영

"머리를 밀고 머리숱을 줄였어요. 하지만 의상 덕분에 품위를 지키는 느낌이었어요." 태런 에저튼

★ CHAPTER 3 유성

유성

2018년 4월 《로켓맨》의 주요 배역 캐스팅이 시작됐다. 곧 주요 배역들이 요즘 가장 핫한 젊은 배우들로 채워졌고, 몇 명은 이미 영국과 미국에서 잘 알려진 얼굴이었다.

버니 토핀BERNIE TAUPIN 역의 제이미 벨

벨과 엘튼의 공동 작업은 21세기가 시작될 무렵에 시작되었다. 당시 13세인 제이미는 스티븐 달드리 감독의 《빌리 엘리엇》에 출연 중이었고, 이 영화 역시 리 홀이 시나리오를 썼다.

플레처 감독이 보기에, 벨에게는 에저튼만의 톡톡 튀는 엘튼을 누를 묵직한 구석이 있었다.

"제이미는 내가 대조해서 보여주고 싶은 현실성을 가져서 딱 좋았어요. 그래서 태런이 요상한 곳들로 날아가더라도 이 묵직한 닻이 로프를 붙들고 있으니 완전히 허공으로 사라지지 않을 수 있었지요."

위와 맞은편 "버니는 아주 진중했고 자기 위치를 잘 알았죠.
반면에 엘튼은 영원히 자아를 붙잡으려고 애쓰는 사람이죠." 제이미 벨.

"엘튼 존의 이야기를 한다면 제대로 해야 된다고 생각했어요. 정확한 톤, 화려한 색채감 그리고 생생함.
현란하면서도 어둡죠. 저는 감독님이 딱 원했던 만큼만 둥둥 떠다녔죠."

제이미 벨

위 엘튼 존과 버니 토핀의 공동 작업은 50년 이상 지속되었다.

맞은편 "사랑해, 친구…… 하지만 그런 식으로는 아니고."
에저튼과 벨은 영화에서 이 장면을 재연한다.

존 리드 JOHN REID 역 리처드 매든

리처드 매든은 엘튼의 첫 남자친구 존 리드를 연기했다. 둘은 5년간 사귀었고, 리처드는 28년간 엘튼의 매니저였다. 경계가 모호했고 이는 곧 독약으로 변했다. 세련되고 영리한 매든은 리드의 수수께끼 같은 면모를 생생하게 표현한다.

"둘의 관계는 엘튼에게, 당당하게 자기다워지고 남자와 사귈 수 있다는 자신감을 줍니다. 영화가 계속되면서 존은 악당이 되고요."

"나를 다루는 영화가 있다면 내 역할은 리처드 매든이
해주면 좋겠어요. 끝내주게 멋진 모습이거든요."

덱스터 플레처

위와 **맞은편** 존 리드 역의 리처드 매든,
매력적인 호남형 비즈니스 맨.

쉴라 페어브라더SHEILA FAREBROTHER 역의
브라이스 댈러스 하워드BRYCE DALLAS HOWARD

영화에 마지막으로 캐스팅된 브라이스 댈러스 하워드는, 대본을 읽자마자 합류하고 싶었다. 하워드가 말했다.

"엿새 후 난 카메라 앞에 섰어요. 처음 내가 등장할 때 '못된 여자가 돌아오다The bitch is back라는 도입부가 나와요. 그 여자의 분위기가 어떤지 알만하죠! 쉴라는 엘튼 존의 생부와 서로 독기를 뿜는 관계를 맺은 여자였어요. 엘튼은 부모가 서로 미워하는 환경에서 성장했죠. 그들은 아들을 중간에 끼워 넣으려고 했어요."

"아주 강한 여성 캐릭터라는 걸 곧 알았지만,
크게 뭘 하지 않아도 됐습니다.
브라이스가 첫 대사에 모든 걸 담아냈거든요."

덱스터 플레저

맞은편과 **위** 브라이스 댈러스 하워드는 음울한 교외지역 피너를
화사한 할리우드 스타의 내공으로 물들인다.

딕 제임스DICK JAMES 역의 스티븐 그레이엄STEPHEN GRAHAM

1960년대 악명 높은 음악 출판가였던 딕 제임스는, 엘튼과 버니를 묶어주고 첫 번째 행운을
안긴 인물이다. 그레이엄은 설명한다. "제임스는 이미 《비틀즈Beatles》로 성공을 이루었고,
처음부터 엘튼을 품어 보살폈지요. 엘튼에게 애잔한 마음을 가졌어요. 다들 그를 《엉클 딕
Uncle Dick》이라고 불렀죠."

맞은편과 **위** 그레이엄은 그가 연기하는 인물 딕 제임스를 원하면 살벌해질 수도 있지만,
여러 모로 다정한 사람이었다고 평했다.

스탠리 드와이트STANLEY DWIGHT 역의
스티븐 맥킨토시|STEVEN MACKINTOSH

영화에서 그의 주된 감정선은 엘튼과 생부의 관계에서 드러난다. 엘튼은 아버지가 "항상 안아주었다"라고 거짓말을 하지만, 실제로 스탠리는 엘튼에게 냉정하고 매몰찼고 어떤 감정도 내비치지 않았다. 오직 분노만 보였을 뿐.

맞은편과 **위** 군인인 스탠리 드와이트는 어린 레지Reggie의 음악적인 재능에 냉소적이었다.

아이비 시웰IVY SEWELL 역의 젬마 존스GEMMA JONES

《로켓맨》은 젬마 존스에게서 뛰는 심장을 얻는다. 존스는 설명한다.

"엘튼과 아이비는 무척 가까웠죠. 아이비는 든든한 후원자였고 성실하고 다정했어요. 엘튼에게 피아노 교사를 찾아준 사람도 아이비였고, 음악 교육을 받도록 격려한 사람도 바로 그녀였죠. 반면 쉴라는 몹시 이기적이고 아들에게 별다른 관심이 없었어요. 집 안이 시끄러운 것만을 못마땅해 했죠."

프레드 페어브라더 역의 톰 베넷

엘튼이 더프Derf라는 애칭으로 불렀던 프레드는 레지가 여덟 살 때 인생에 들어왔다. 더프는 로큰롤을
좋아했다. "사실 제법 친절하고, 유년기의 레지를 지지해준 사람이었습니다. 로큰롤에 관심을 갖게 하고
그 쪽으로 밀기도 했지요"라고 베넷은 말한다.

어린 레지 역의 매튜 일슬리|MATTHEW ILLESLEY

여섯 살 레지 역을 연기한 매튜 일슬리는 레지를 "엄청 장난꾸러기"라고 말한다. 일슬리는 첫 영화에
출연해 얻은 "유명인들과 그 속에 있는 즐거움"을 오래도록 기억할 것이다.

소년 레지 역의 키트 코노 KIT CONNOR

《로켓맨》에는 세 연령대의 엘튼이 나온다. 키트 코너는 12세인 중간 연령대의 엘튼을 연기한다. 그때부터 엘튼은 로큰롤 피아노와 레코드판과 엘비스 프레슬리에 매료되기 시작했다. "어머니가 강한 성격이고 아버지가 너무 엄격해서 레지는 그림자 속에 있는 데 익숙하죠"라고 코너는 말한다.

덱스터 플레처

플레처가 《로켓맨》에 탑승하자, 영화에 심장과 에너지가 생겼다. 출연진과 스텝은 사랑스러운 감독을 그렇게 표현한다. 벨은 말한다. "덱스터가 이 이야기 전반에 있지요. 감독님은 어떤 상황인지, 얼마나 독특해야 되는지 훤히 알고 있어요. 엘튼을 굉장히 잘 이해하니까요. 또 겁 없는 분이죠. 그게 감독님의 최대 장점이에요. 논란거리나 충격을 몰고 올 텐데도 엘튼의 재활 그룹을 영화에 담는 데 두려움이 없어요."

아래 촬영장에서 재미있는 일을 보는 덱스터 플레처

맞은편 위쪽 덱스터와 태런이 마지막 장면을 준비하면서 피아노에 대해 얘기 중이다.

맞은편 아래 덱스터 플레처 감독, 프로듀서인 애덤 볼링, 조지 리치몬드 촬영감독.

덱스터 플레처

"이 영화를 보는 것은 엘튼 존 콘서트에 간 것과 비슷해요. 연달아 노래만 나오는 게 아니라, 이야기가 펼쳐지거든요.
엘튼은 독특하고 뛰어난 감성적인 이야기꾼이죠." 브라이스 댈러스 하워드

★ CHAPTER 4　이것이 나의 이야기

이것이 나의 이야기

음악 감독 가일스 마틴과 제작진은 엘튼의 곡들 중 기막힌 선곡으로 신선한 생명력을 불어넣었다. 곡과 장면을 살펴보면……

더 빗치 이즈 백THE BITCH IS BACK

《로켓맨》의 오프닝 곡 《더 빗치 이즈 백》은 엘튼 존의 전형적인 1972년 로커 이미지를 강렬하게 되살린다. 1950년대 런던의 《파크랜즈 병원》에서 현재의 《피너 클로스Pinner Close》가 된 동네, 엘튼과 어린 레지는 쉴라와 아이비의 교외주택 밖 거리에서 댄서들과 합류한다. 엘튼의 재활 그룹을 비롯해 우유배달부, 집배원, 횡단보도 도우미도 있다. 장면에서 엘튼의 과거, 현재, 미래의 모든 캐릭터가 어우러진다. 즉, 관객에게 박진감을 느끼게 하는 기법이다. 플레처 감독은 이렇게 말했다.

　"《더 빗치 이즈 백》을 고른 이유는 관객의 기대와 다른 영화라는 데 대한 핑계를 대기 위해서입니다."

> "이 곡들을 스토리를 이어가는 데 필요한 방식으로
> 편곡할 권한을 받았으니 우리가 운이 좋았지요."
>
> 덱스터 플레처

위 영화의 첫 장면인 오프닝 곡부터 시각적, 음향적으로 두각을 나타낸다.
맞은편 세트에서 《더 비치 이즈 백》을 가장 잘 표현할 방법을 논의 중인 덱스터와 태런

아이 원트 러브 I WANT LOVE

쉴라의 집에서 어린 레지, 쉴라, 아이비가 사랑에 대한 갈망을 말할 때 스탠리는 창밖을 응시한다. 등장인물들은 재탄생한 《아이 원트 러브》를 부른다. "난 사랑을 원하지만 그건 불가능해. 그런 남자, 너무 무책임해. 그런 남자는 곳곳에서 죽지." 레지는 사랑 없는 아버지에 대해 노래한다. 플레처 감독은 말한다. "《아이 원트 러브》같은 노래는 참 아름다운 팝이지만, 특별히 극적인 순간에 삽입하면 어마어마한 스토리텔링 도구로 변합니다. 우리 영화가 끝나는 시점 이후에 발표된 곡이지만, 스토리 전개에 필요해서 1957년도 장면에 곡을 삽입했습니다."

아래 레지, 쉴라, 아이비가 로열 아카데미 피아노부 입학을 바라면서 대화한다.
맨 아래 음계를 익히는 레지

토요일 밤의 올라이트 (싸움) SATURDAY NIGHT'S ALRIGHT (FOR FIGHTING)

엘튼 존의 공연에 대한 열정은 피너의 《노스우드 선술집Northwood Pub》에서 시작된다. 십대
초반의 레지는 그곳에서 피아노를 연주했다. 이 《토요일 밤의 올라이트》 몽타주 장면에서,
레지의 멋드러진 카바레 풍 연주로 술집의 싸움이 시작된다.

위 레지가 노스우드에서 거리로 싸움을 끌어낼 때,
뛰어난 OST 한 곡이 시작된다.

유어 송

쉴라의 집에서 엘튼이《유어 송》의 악보를 그리는 순간은 이 영화에 꼭 필요한 주요 장면이다. 버니의 엘튼을 향한 사랑과 독특한 공동 작업 관계를 보여준다. 영화에서 프레드 페어브라더 역인 톰 베넷은 이 장면을 확실히 기억한다. "엘튼은 버니에게 가사를 넘겨받자 피아노 앞에 자리에 앉고, 다들 아침식사를 합니다. 버니가 면도를 하러 위층에 올라가자, 엘튼은 몇 소절 연주하면서 선율을 만들지요. 그 즉시《유어 송》이 완성됩니다. 다들 거기 서서《유어 송》이 창작되는 상황을 지켜봅니다. 아름다운 장면이죠."

아래 왼쪽 돈이 없는 엘튼은 잠옷 가운 바람으로《유어 송》을 작곡한다. 이렇게 평범한 차림으로 피아노 앞에 앉은 것은 이때가 마지막이었다.

아래 오른쪽 버니 토핀이 직접 쓴《유어 송》가사.

아래 에저튼은 이 배역을 위해 직접 피아노를 배웠다.

맞은편 버니와 엘튼은 마지못해 다시 피너로 이사한다.

크로커다일 록CROCODILE ROCK

영화에서 미국으로 간 엘튼이 《크로커다일 록》을 연주한 장소는 로스앤젤레스LA의 상징적인 명소 《트루바도》였다. 딕 제임스의 친구인
덕 웨스턴Doug Weston이 운영하는 클럽이었다. 대본처럼 엘튼은 《인생 공연A performance of a lifetime》을 펼치고 모든 에너지, 음악과
공연의 힘이 모든 사람과 사물을 구름 위로 날아오르듯이 그려낸다. 사실 문자 그대로 그런 일이 벌어진다.

위 엘튼(에저튼)이 로스앤젤레스의 《진짜 끝내주는 클럽》을 바라본다.

아래 1970년 8월 25일. 그곳에 3백 명이 모였다. 그 밤 엘튼의 모든 게 바뀌었다. 사실 그는 《크로커다일 록》을 연주하지 않았던 것이다.

맞은편 백스테이지 세트에서 엘튼과 버니가 공연 전에 짜릿한 시간을 보낸다. 딕 제임스는 두 사람에게 "화끈한 일을 저지를 때야!"라고 말했다.

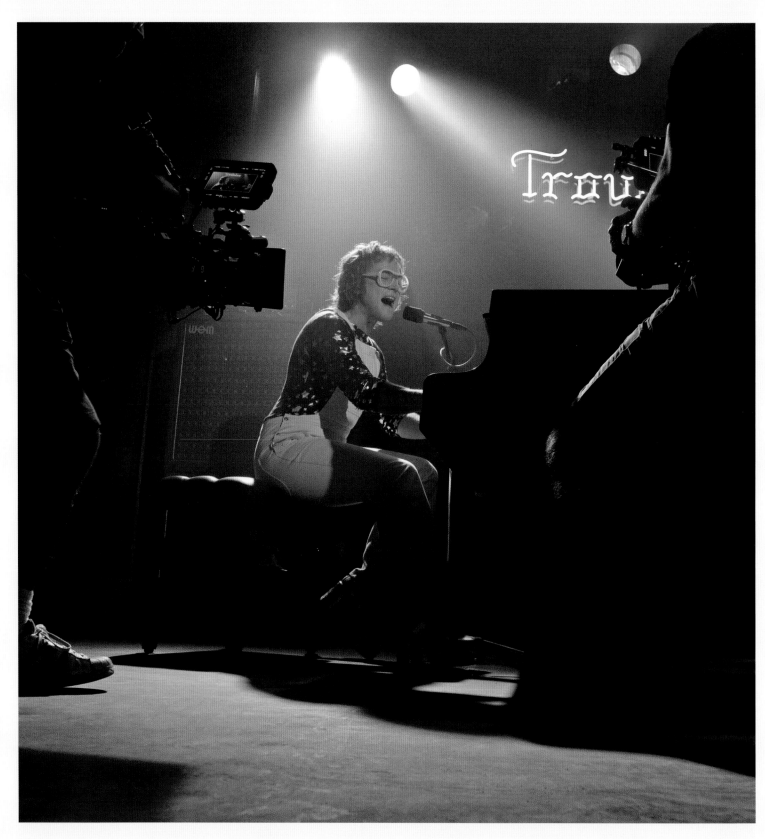

위 (공중을 날기 전에) 피아노에 앉아 《크로커다일 록》을 노래하는 에저튼.
맞은편 엘튼이 《트루바도》에서 6일간 공연한다고 홍보하는 영화 속 포스터.
뒤페이지 공중을 나는 에저튼.

TONIGHT

6TH –11TH JULY 1970

ELTON
JOHN

PLUS
DAVID ACKLES

...5.00, Now on Sale
...ONICA BLVD, LA

타이니 댄서 TINY DANCER

엘튼은 《트루바도》에서 《크로커다일 록》을 부른 후, 버니와 함께 《마마 앤 파파스The Mama and the Papas》의 멤버 마마 카스Mama Cass의 LA 언덕 위 저택에 초대받는다. 여기서 엘튼은 열광적인 분위기 속에서 길을 잃고 혼자인 느낌을 받는다. 그는 편곡한 《타이니 댄서》를 부른다. "마마 카스의 파티가 열린 밤, 엘튼의 내면 풍경을 묘사할 수단으로 이 곡을 사용했습니다. 엘튼은 생각에 잠겨, 버니가 그의 것이 아니며 어른이 되는 것은 늘 뜻대로 되는 게 아님을 뜻한다는 사실을 떠올리지요."

아래 《타이니 댄서》의 첫 소절을 준비하는 에저튼

맨 밑 엘튼과 존 리드가 처음 만난 순간. 격한 감정이 분출된다.

맞은편 "얼마나 멋진가?" 엘튼은 LA에서의 파티 장면을 살피면서, 멋진 사람들 속에서 자신의 자리에 대해 생각한다.

뒤페이지 엘튼과 키키 디Kiki Dee가 원곡 《돈 고 브레이킹 마이 하트Don't Go Breaking My Heart》를 녹음하는 장면.

엘튼과 존 리드의 《갈채를 받는 곡showstopping number》은 아이러니하게도 리드가 엘튼을
옷장으로 밀 때 시작된다. 이 3분짜리 곡은 둘이 만남을 시작한 몇 년을 조명한다. 이 시기에
리드는 엘튼에게 사치스런 것들을 소개했다. 자연스럽게 대규모 댄스곡이 되어 두 사람은
고가의 물건, 집, 음식과 술에 둘러싸인다.

아래 디저트를 먹으려는 엘튼과 리드

"우린 원곡을 그대로 재현하지 않습니다. 곡들을 재작업하고 매만져서 연주했지요.
음악 속에 대사를 넣으면 거추장스러우니 오히려 대사에 맞는 곡을 선택하는 식으로 작업했습니다."

덱스터 플레처

핀볼 위저드 PINBALL WIZARD

이 시각적인 장면에서는 몽타주 기법으로 엘튼이 투어를 하고 큰돈을 번다.
그는 이 콘서트에서 저 콘서트로 정신없이 뛰어다닌다.

위 혼자 있는 엘튼. 존 리드가 나오는 장면이 영화에서
《핀볼 위저드》 부분의 영감을 주었다.

로켓맨ROCKET MAN

앨튼은 약물 과용 후 LA 자택 수영장에 곤두박질한다. 바닥을 치고도 계속 점점 내려간다. 주위에 아이비, 쉴라, 프레드 등 친구들이 있다. 수영장 바닥으로 내려가며 그는 《로켓맨》의 앞 소절 속으로 뛰어든다. 그리고 병원에 실려 간다.

아래 132번 장면은 엘튼이 수영장 바닥에 빠지는 광경을 보여준다. 엘튼은 사람들에게 말한다. "다음에 장난할 때는 익사할 거야."

맞은편 아이비, 쉴라, 프레드 그리고 이웃인 앤더슨 가족the Andersons이 LA로 엘튼을 찾아간다.

"덱스터는 나에게 태런이 《로켓맨》을 노래하는 대목을 연기하라고 했고,
관객은 영화에 몰입할 수밖에 없었죠. 이런 생각이 문득 들더군요.
'그래, 태런이 부르고 감독님이 만들면
우리 손으로 진짜 대박 영화를 만들 수 있겠는걸.'"

리처드 매든

위 바닥보다 더 깊이 빠진 후 수영장에서 끌려 나오는 엘튼

아래 "엘튼은 다저스타디움 공연일 전날, 실제로 수영장에 뛰어들었었지요"라고 에저튼은 말했다.

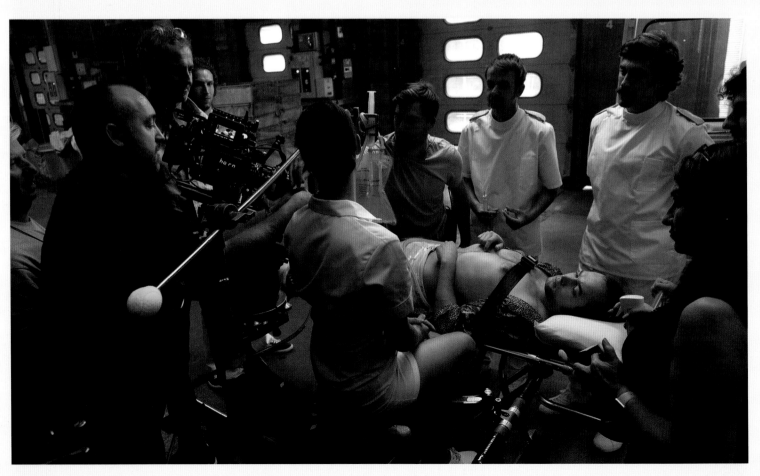

베니 앤 더 제츠BENNIE AND THE JETS

엘튼의 대표적인 1973년 트랙이 《스타쉽Starship》에 실려 구름 속에서 시작된다. 그러다가 1980년대 뉴욕의 게이 클럽 《원더랜드Wonderland》의 지하 깊숙이 곤두박질친다. 엘튼은 시저 시스터즈Scissor Sisters의 제이크 쉬어스Jake Shears가 연기한 베니를 만난다.

에저튼은 말한다. "《베니 앤 더 제츠》는 영화의 백미였고, 박수를 끌어내는 곡으로 만들려고 했지요. 《홍키 캣》이 무절제의 씨앗이라면, 《베니 앤 더 제츠》는 완성된 참나무 가공품이죠. 우린 엘튼의 삶이 더 이상 매력적이지 않은 시점에 다다릅니다."

아래 왼쪽 "우린 좀 쉬어야 해." 엘튼과 버니는 《엘로우 브릭 로드Yellow Brick Road》의 끝부분에 이른다.

아래 오른쪽 의상 담당자 줄리언 데이는 말했다. "엘튼에게는 안경이 무척 중요하죠. 내가 정말 다시 만들고 상상해보고 싶은 안경이 몇 개 있었어요."

아래 "감독님은 핫팬츠를 입으라고 설득했죠"라고 에저튼은 기억한다.

돈 렛 더 선 고 다운 온 미 DON'T LET THE SUN GO DOWN ON ME

처음에 엘튼이 피아노에 앉아 무반주로 노래하다가, 런던의 녹음실에서 여자 친구 레나테 Renate가 나오면서 가스펠 합창으로 마무리된다. 두 사람이 결혼하자, 토핀과 리드와 엘튼의 가족은 혼란에 빠진다. 플레처 감독은 설명한다. "영화가 마법 같은 판타지를 기치로 내걸었으니, 대사가 많은 장면으로 이야기를 풀어가지 않아도 되지요. 그저 극적인 순간에 레나테와 엘튼이 피아노 앞에서 《돈 렛 더 선 고 다운 온 미》를 두엣으로 부르면 되죠. 관객은 그 상징성을 이해할 겁니다."

아래 엘튼이 레나테(셀린데 스훈마크르Celinde Schoenmaker) 와 결혼하는 날, 프로듀서인 데이비드 퍼니시와 에덤 볼링이 촬영장을 방문했다.

맞은편 관련된 모든 사람들이 혼란을 겪은 날. 영화에서 엘튼은 3년간의 결혼생활에 대해 "내가 그녀를 광란으로 끌어들인 거죠"라고 말한다.

> "관객은 스펙터클하고 현실로부터 도피하는 영화를 원합니다. 우린 뮤지컬로 그걸 구현하고,
> 거기에 엘튼의 이야기가 들어가니 영화 두 편을 한 편 가격으로 내놓는 셈입니다."
>
> 덱스터 플레처

쏘리 심스 투 비 더 하디스트 워드 SORRY SEEMS TO BE THE HARDEST WORD

엘튼이 자기혐오에 빠지고 여러 가지에 중독되어 나락에 떨어지자, 적절한 타임에
맞게 주크박스에서 《쏘리 심스 투 비 더 하디스트 워드》가 흘러나온다. 버니는
런던의 최고급 레스토랑에서 말한다.

　"아무도 널 미워하지 않아. 너 자신 외에는 누구도."

아래 왼쪽 《오즈의 마법사 The Wizard of OZ》에서 영감을 받은 차림의
엘튼이 버니와 말다툼을 벌일 준비를 한다.

아래 엘튼이 쿵쾅대며 《피카딜리 거리 Streets of Piccadilly》로 나설 때
《굿바이 옐로 브릭 로드 Goodbye Yellow Brick Road》가 흘러나온다.

맨 아래 이 중요한 장면을 두고 상의하는 감독과 주연배우들

굿바이 엘로 브릭 로드 GOODBYE YELLOW BRICK ROAD

《굿바이 엘로 브릭 로드》 장면은 앞서 레스토랑 장면에 이어 화려한 런던 레스토랑에서
펼쳐진다. 거기서 엘튼과 버니는 격렬하게 대립한다. 버니는 친구에게 《로켓맨》을 불러준다.
"언제 내려올래? 언제 땅으로 내려올 거야?" 하지만 엘튼은 듣지 않는다. 벨은 말한다.
"엘튼과 내가 갈라서는 대목에서 이 노래가 나옵니다. 나는 《굿바이 엘로 브릭 로드》를 부르지요.
마치 엘튼이 다른 작사가를 구할 것처럼. 또 나 같은 작곡가가 수두룩하기라도 한 듯이."

위 영화의 마지막은 엘튼의 달라진 모습을 대면하면서
시작한다. "본래의 나에서 도망치는 게 지긋지긋해!" 가수는
쉴라에게 소리친다. "나는 흑백이 뚜렷한 삶을 살지 않아!"

아임 스틸 스탠딩 I'M STILL STANDING

영화의 피날레는 엘튼의 1983년 록 《아임 스틸 스탠딩》으로 시작된다. 이 곡의 뮤직비디오처럼 흰 양복과 밀짚모자 차림의 엘튼이 《파크랜즈 병원》의 재활 그룹 가운데 있는데 깔끔하고 건강하고 마약을 복용하지 않은 모습으로 변했다. 관객들이 기다리던 해피엔딩이다.

에저튼이 말한다. "《아임 스틸 스탠딩》을 부르려고 전형적인 엘튼의 모습으로 등장합니다. 엘튼은 병실에서 밀짚모자를 쓰고, 마법 같이 치료실에 등장해 누구에게든 할 것 없이 노래를 시작하죠. 하지만 아주 우습고 괴짜 같고 괴상한 면이 있죠. 갈채를 끌어내는 거창한 곡이 되면서 영화가 마무리됩니다."

위 마지막 갈채를 받는 곡을 준비하느라 넥타이를 고쳐 매는 에저튼.
아래 의상 담당자들이 에저튼의 분장을 완벽하게 손본다.

오른쪽 당당하게 서 있는 엘튼.
뒤페이지 영화의 클라이맥스 순간을 준비하는 에저튼.

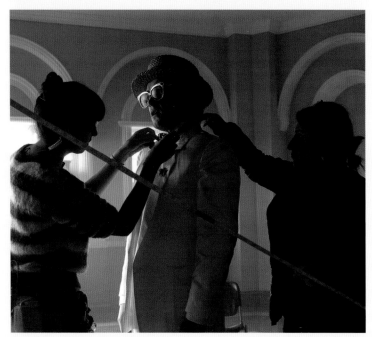

재구성한 엘튼의 음악

자일스 마틴

2018년 말 그래미상을 수상한 프로듀서이자 작곡가 자일스 마틴이 《로켓맨》의 곡들을 편곡하고 재구성하기 위해 영입되었다. 플레처는 말했다. "영화를 위해 곡들을 손보면서 이러고저러고 할 게 없었죠. 곡들은 우리가 써주기를 기다리죠. 우리가 엘튼이 노래할 자리를 따로 만들 필요가 없습니다. 곡들을 마음껏 구성할 수 있죠. 무대 디자인, 의상 디자인, 조명 디자인도 다 마찬가지입니다. 또 음악을 잘 아는 자일스 같은 전문가가 합류해서 온 힘을 쏟으면 모든 게 상승됩니다."

맞은편 위 사교적이지만 내성적인 엘튼이 레기와 만난다. 어린 자아가 묻는다. "언제 날 안아줄 거야?"

맞은편 아래 카메라가 가슴 저미게 노래하는 에저튼을 가까이 포착한다. 중요한 장면이다.

아래 스튜디오에서 음악 프로듀서 자일스 마틴과 작업 중인 태런 에저튼

★ CHAPTER 5　세상이 무대지

세상이 무대지

《아임 스틸 스탠딩》을 부른 아티스트지만 엘튼 존은 실제로 《가만히 있지standing still 못 하는 것》으로 유명하다. 끊임없이 월드 투어를 하느라 빙글빙글 도는 국제 제트족 같이 살았다. 《로켓맨》에서 프로듀서들은 가수의 삶과 음악이 잘 드러나는 순간들을 담기 위해 여러 촬영지를 선택했다.

쉴라의 집

"우린 엘튼이 성장한 피너의 집에서 시작합니다. 1950년대를 재현한 세트죠." 《로켓맨》의 프로덕션 디자이너 마커스 롤랜드는 설명한다. 어린 레지가 완벽한 가족이 아니란 걸 알고, 침대에 걸터앉아 오케스트라와 함께 차이코프스키를 연주하는 꿈을 꾸는 것도 이 집이다.

"시대를 정확하게 표현하고 싶었고, 그래서 모든 게 약간 가라앉고 진지합니다. 1950년대는 더 엄숙한 시기였고 다채로운 분위기가 없었지요. 그래서 상당히 갈색 색조를 띠죠."

왼쪽 쉴라 역의 브라이스 댈러스 하워드와 아들 레지. 어린 레지는 매튜 일슬 리가 연기했다.
아래 일슬리는 덱스터에 대해 "감독님은 재미있어요. 농담도 잘 하시고, 그래서 같이 촬영하는 게 신나요"라고 말한다.
맨 아래 꿈 장면. 레지와 침대 오케스트라

"늦었구나! 네 저녁밥을 쓰레기통에 버릴 수밖에 없었다. 안으로 들어가!"

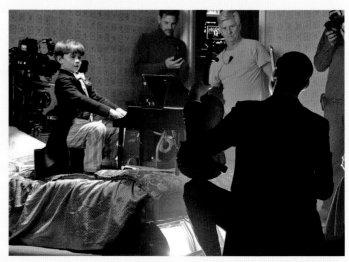

"인생은 우리에게 기회를 주지 않아, 레지. 이건 네게 기회야."

왕립 음악원ROYAL ACADEMY OF MUSIC

사람들은 엘튼이 클래식 음악 교육을 받은 피아니스트라는 사실을 잊는다. 어릴 때 한동안 런던의 왕립 음악원에서 공부했다. 피아노 교수인 헬렌 피에나Helen Piena와 할머니 아이비는 레지에게 타고난 재능을 개발하라고 격려했다. 플레처 감독은 말했다. "실제로 왕립 음악원에서 촬영하고 싶어서 그쪽에 연락하고 어떤 프로젝트인지 설명했습니다. 음악원 측은 굉장히 반기면서 외부와 내부를 촬영하게 해주었습니다."

위 왼쪽과 **위 오른쪽** "여기서 네 미래는 아주 밝아." 음악원 교수 헬렌 피에나가 레지를 가르친다.

위 왼쪽 아이비는 레지에게 수줍음을 극복하라고 토닥인다. 그녀는 말한다. "자신 있는 척 해. 그건 네가 잘 하잖아?"

위 오른쪽 엘튼과 헬렌 피에나는 로큰롤과 지저분한 술집에 대해 언쟁한다. 이 장면은 최종 편집에서 제외되었다.

막다른 골목CUL-DE-SAC: 피너 클로스

대본에는 《전형적인 교외 장면archetypal suburban scene》으로 나와 있다. 그리고 댄스 곡 《더 비치 이즈 백》이 잠든 이웃들을 깨운다. 안무 담당인 애덤 머레이Adam Murray는 말한다.

"곡은 재활병원에 있는 엘튼에서 시작되고 그는 유년기의 이야기부터 말하기 시작합니다. 이 장면을 엘튼이 성장기를 비현실적으로 이상화한다는 시각으로 접근했지요. 그래서 그가 재활병원의 문에서 나와, 가장 아름답고 행복하고 유쾌한 1950년대 피너 느낌의 즐거운 마을인 플레전트빌Pleasantville에 있게 하고 싶었습니다. 어린 레지는 이웃들과 이런 관계를 이어가지만, 주민들이 현실적으로 보이지는 않죠. 어머니 쉴라가 나와서 레지에게 소리치는 것으로 노래가 끝납니다. 진짜 우스꽝스런 방식으로 곡을 끝냈지요."

"문제는 그가 아니라 바로 나 자신이야."

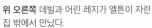

위 여섯 살인 레지가 관객을 1950년대 피너로 데려간다.

위 오른쪽 데빌과 어린 레지가 엘튼이 자란 집 밖에서 만났다.

아래 에저튼은 1950년대 런던의 칙칙한 분위기에 색채감을 준다고 프레처는 말했다.

맞은편 런던 교외 지역에서의 마주침.

왼쪽 아이스크림으로
열을 식히는 《데빌》.

가운데 런던 교외지역의 거리가
《더 비치 이즈 백》으로 생기를 띤다.

맨 아래 플레처가 어린 레지와
피아노 연주 장면을 의논 중.

> "엘튼을 날개 달린 《데빌》의 차림으로 거리 가운데 들여보내다니 미친 짓이었죠.
> 레지가 나이든 엘튼과 마주서고 둘이 대면하는 순간을 갖는 것으로 끝납니다. 굉장히 강렬하죠."
>
> 애덤 머레이

위 실제로 엘튼이 성장한 집에서 가까운 피너에서 촬영.

아래 왼쪽 엘튼의 과거가 현재를 따라잡는다. 미래가 이 날을 구원해줄까?

아래 오른쪽 실제 피너의 거주지 거리에서 촬영하려니 작업의 어려움도 있었다.

맞은편 "그 의상을 피할 도리가 없는 거죠, 안 그래요?"라고 마커스 로랜드가 말한다.

엘튼의 목소리가 들리기 시작하면서, 런던 소호Soho의 틴 팬 앨리Tin Pan Alley나 덴마크
거리는 점점 유행하는 로큰롤의 중심지가 되었다. 이 인근에 엘튼이 딕 제임스와 계약한
뉴 옥스퍼드 거리가 있었다. 그 계약을 통해 엘튼은 처음으로 음악계를 접했다.

맞은편 로큰롤의 미래를 초조하게 바라본다.
아래 엘튼과 버니는 신문 광고 때문에 함께 자리한다.
맨 밑 덴마크 거리로 나오는 소호의 그리크 거리에서
에저튼과 플레처.

"영화에서 세트로 보이는 장면은 하나도 없습니다. 나로서는 굉장한 성과지요.
'아, 저거 세트네'라는 말이 안 나오도록 애썼죠."

덱스터 플레처

올 세인츠 로드ALL SAINTS ROAD

"아, 멋쟁이 하숙인들이네요. 노력하는 록 스타들이죠."

아라벨라Arabella가 버니와 엘튼을 아파트로 맞이하면서 말한다. 보헤미안 풍의 작은 아파트에 세입자인 자메이카 흑인 클린트Clint와 아주 왜소한 아서Arthur가 있다. 곡을 쓰던 엘튼과 버니는 쉴라의 집을 벗어나 집세 없이 살만한 런던 중심가의 거처가 필요하다. 얼마 후 엘튼은 아라벨라와 잠자리를 같이 한다. 역시 얼마 후 둘은 헤어진다.

위 아라벨라의 올 세인츠 로드 아파트 장면을 설명하는 플레처. 영화에서는 이런 로케이션 촬영 장면들이 많이 빠졌다.

왼쪽 영화에서 엘튼의 첫 연인 아라벨라.

맞은편 위 아라벨라, 클린트, 아서가 새 하숙인들을 환영한다.

맞은편 아래 버니가 엘튼에게 말한다. "난 곡을 쓰면서 네 목소리를 들어. 너는 아티스트야."

랭커스터 그릴 THE LANCASTER GRILL

"요즘 핌리코Pimlico에 있는 《레전시Regency》는 굉장히 복잡한 카페입니다. 하지만 버니와 엘튼이 처음으로 같이 있는 장면을 찍기에 딱 좋은 장소였지요."플레처가 설명한다.

문제의 카페는 실제로는 괜찮은 곳이지만 영화에 너저분한 대중업소로 나온다. 엘튼이 버니가 적은 가사를 보는 이 중요한 장면은 함께 할 50년 커리어의 시작을 알린다. 에저튼은 말한다. "둘은 《랭커스터 그릴》에서 만나 카우보이에 대해 대화합니다. 《밀키 바Milky Bar》 세대인 두 청년의 첫 조우라니 멋지죠." 바로 이 순간, 엘튼은 영혼의 형제를 만났음을 깨닫는다. 영화가 클라이맥스를 향할 때 같은 장면이 나온다. 버니와 엘튼은 마지막으로 호화로운 레스토랑에서 만나지만 서로 눈을 맞추지 못한다. 에저튼이 말한다. "그 시점에서 두 사람은 나이든 총잡이들이지요. 서부영화 같은 요소가 있어요. 탁자를 사이에 두고 맞붙은 카우보이들 같은 느낌이 있죠."

아래 엘튼과 버니가 랭커스터 그릴에서 곡과 가사에 대해 논의하고 있다.

스탠리의 집

엘튼은 스탠리를 찾아가 집에 돌아갈 수 없다는 걸 확인한다. 새 가족과 사는 생부와의 만남은 엘튼의 기대와 다르게 끝난다. "영화 초반에 레지가 스탠리에게 다가가는 장면이 있어요. 아버지가 음반을 듣고 있자 어린 레지는 음반을 꺼내면서 '이건 뭐예요, 아빠?'라고 묻죠. 그러자 아버지는 믿기 힘들 정도로 냉정하게 대꾸해요. '도로 넣어라. 다시는 내 음반을 만지지 말아.'" 스탠리 역을 맡은 스티븐 맥킨토시가 말한다. "그런데 나중에 엘튼이 아버지를 만나러 가서 금색 롤스로이스에서 내리죠. 큼직한 부츠와 반짝이는 상의 차림으로 거창한 안경을 쓰고 스탠리를 만납니다. 새 가족에 에워싸인 스탠리는 어린 아들들에게 가서 엘튼의 음반을 가져오라고 말합니다. 그리고 엘튼에게 싸인을 부탁하죠. 엘튼은 '이게 무슨 일이야? 정말 이상하고 마음이 아프네'라고 생각하죠."

"아이들이 팝스타를 실제로 만난다고 좋아하더구나."

오른쪽 엘튼 역의 에저튼이 아버지 스탠리와 두 이복동생과 만나는 장면.

우드사이드 WOODSIDE

엘튼 존과 데이비드 퍼니시의 저택 《우드사이드》는 영화 속 주요 장면들의 배경이다. 비록 금방 헤어지긴 했지만 엘튼과 레나테가 여기서 결혼식을 올렸고, 엘튼은 여기서 여러 번 취한다. 그가 큰 계단에서 고꾸라지는 곳도 이 집이다. 플레처 감독은 말한다.

"우린 실제로 엘튼의 자택 《우드사이드》에 조사차 찾아갔습니다. 주위를 둘러보면서 어떤 분위기인지 파악하려고 했지요. 결국 허트포드셔Hertfordshire의 브로켓 홀Brocket Hall 에서 촬영했어요. 집 안팎이 굉장히 비슷하거든요."

아래 엘튼의 집 《우드사이드》에서 다투는 엘튼과 리드. 편집된 장면.

오른쪽 엘튼의 《우드사이드》와 흡사한 허트포드셔 브로켓 홀 저택.

스타쉽

가능한 한 제트 여객기로 보이지 않게 디자인된 《스타쉽》은 유나이티드 항공 소속 보잉 720 제트 여객기다. 1970년대 중반에 레드 제플린Led Zeppelin, 딥 퍼플Deep Purple, 롤링스톤스Rolling Stones 같은 록 스타들이 이 전세비행기를 탔다.

　　잘 갖춰진 바, 길이가 9미터인 소파, 회전 안락의자, 전자 오르간이 비치된 《스타쉽》은 록 스타의 사치와 성공의 궁극적인 아이콘이었다.

★ CHAPTER 6　피너 출신의 수줍어하는 소년

피너 출신의 수줍어하는 소년

《로캣맨》은 출연진과 스텝들, 관객을 수십 년에 걸쳐 세계 곳곳으로 데려간다. 하지만
1950년대 런던의 피너에 있는 어머니 집에서 엘튼의 이야기가 시작되는 것은 자연스럽다.
가족의 일상이 쳇바퀴처럼 돌아간다. 레지는 얼마 후 그 쳇바퀴에서 벗어난다.

펍에서 보낸 밤

출연진과 스텝진이 《스내프SNAFF》 장면이라고 부르는 영국식 선술집 노스우드 펍 싸움과
이어지는 놀이공원 장면. 여기서 신나는 곡 《새터데이 나이츠 올라이트 (포 파이팅)》이
나오고 곧 하이라이트 장면이 이어진다. 프로덕션 디자이너 마커스 롤랜드는 설명한다.

　"담배 연기 자욱한 너저분한 런던 술집 장면입니다. 엘튼이 뒤쪽에서 피아노를 연주
중이지요. 이게 엘튼이 처음 접하는 음악 산업의 화려한 일면이죠!"

> **"오늘밤: 맛있는 경품 외에
> 레지널드 드와이트REGINALD DWIGHT의 피아노 연주!"**

재미있는 놀이공원

"놀이공원은 내 아이디어였습니다. 엘튼을 술집 밖 골목으로 데리고 나와 놀이공원으로 이끌면서 흐르는 듯한 느낌을 연출하려고 했지요. 그래서 엘튼이 골목을 뛰어가다 놀이공원으로 들어가 17세 때의 모습으로 변하고, 그가 받을 음악적인 영향들이 한 곳에 모입니다." 플레처 감독은 말한다.

맞은편 "내가 좋아하는 곡을 연주하렴."아이비가 엘튼에게 말하고, 노스우드 펍에서 그는 《새터데이 나이치 올라이트 (포 파이팅)》을 연주한다.

위 엘튼은 놀이공원에서 런던 생활의 모든 면을 만나고 끌어안는다.

105★

오른쪽 중요한 첫 곡의 노래와 춤을 준비하는 태런 에저튼

맞은편 위 놀이공원 장면에서 14세의 레지가 17세의 레지를 연기하는 에저튼으로 바뀐다.

맞은편 아래, 아래와 뒷 페이지 "축제 장면처럼 연출하고 싶었습니다. 젊은 문화의 힘찬 느낌을 나타내고 싶었죠"라고 플레처가 말한다.

"《새터데이 나이츠 올라이트 (포 파이팅)》으로
놀이공원으로 들어가는 여행을 하고, 이 장면에서
《더 테즈THE TEDS》《더 모즈THE MODS》
《방그라BHANGRA》《스카SKA》 등 스토리텔링에서 중요한
음악적 영향들이 등장합니다. 엘튼의 인생이
1950년대 런던에 젖어드는 지점이지요."

덱스터 플래처

"이 춤을 타오르게 할 거야."

"난 노동자 계층의 소년이죠."

블루솔로지BLUESOLOGY 투어

엘튼과 그룹은 《블루솔로지》를 결성하고 6개월간 《벨 블루스 4중창단Bell Blues Quintet》과 북부의 노동자 클럽들을 투어하자는 제안을 받는다. 엘튼의 초기 투어 경험담은 몽타주 기법으로 편집했고, 《브레이킹 다운 더 월스 오브 하트에이크Breaking Down the Walls of Heartache》가 흘러나온다. "실제 노동자 클럽에서 촬영했습니다. 엘튼이 그 시대에 연주한 클럽의 분위기를 충실히 재연했지요. 저속한 매력이 있다고 해야 될 겁니다"라고 플레처는 말한다.

아래 왼쪽 블루솔로지가 함께 하는 《더 아메리칸 소울 투어 The American Soul Tour》의 광고 포스터.

아래 오른쪽 미래의 소리. 당신의 미래. 미국 소울 그룹 《벨 블루스 4중창단》과 6개월간 영국 투어 중인 엘튼.

맨 아래 끈질긴 협상가들인 《블루솔로지》가 음악 프로모터인 데이브 고딘Dave Godin과 조건을 논의하는 중.

맞은편 공연 중인 엘튼 존.

★ CHAPTER 7 런던에서 LA로

런던에서 LA로

《로켓맨》 2막에서 엘튼과 버니는 피너에서 런던 거리로 이사한다. 하지만 영화는 1970년대로 접어들고 엘튼은 독자적인 쇼의 스타가 되어 LA로 떠나기 위해 가방을 꾸린다. 하지만 딕 제임스는 무뚝뚝하게 말한다.
"아메리카는 도박이라구. 이걸 망치면 내 손에 죽을 줄 알아."

트루바도

"트루바도는 엘튼이 획기적인 순간을 경험하는 곳입니다. 그의 에너지가 모든 이를 공중에 솟구쳐 떠 있게 하는 곳이고 영화의 환상적인 요소들의 출발점이지요"라고 플레처는 밝힌다. "이야기를 풀어가면서 얼마든지 독특한 아이디어들로 채워도 된다는 걸 알자, 진짜 이상한 멋진 밑바탕이 생겼습니다. 엘튼 자신과 우리가 아는 그의 본성으로 볼 때, 환상적인 일을 벌이고 싶은 것은 당연하지요."

이 중요한 장면에 앞서 엘튼은 처음으로 요란한 패션에 빠져들기 시작해서 반짝이 플랫폼 부츠를 준비한다. 딕 제임스가 "새로운 의상을 준비해. 화려한 옷을 입고 쇼에 나서라고. 또 마약으로 자살행위를 하면 안 돼."라고 말했을 때를 염두에 둔 차림새는 아니었다.

아래 《크로커다일 록》을 열창하는 엘튼.
맞은편 위 1970년 8월 25일 트루바도 쇼를 준비하는 엘튼.
맞은편 아래 먹잇감을 주시하는 존 리드
뒤페이지 에저튼이 공연 중 가장 긴장이 고조되는 순간에 공중으로 날아올랐다.

"자, 신사숙녀 여러분. 영국 런던에서 날아온 떠오르는 로큰롤의 스타입니다.
엘튼 존을 환영해주세요!"

다저스타디움

다저스타디움 스토리는 로큰롤의 전설로 뿌리 내렸다. 매진된 LA 다저스타디움 공연을 이틀 앞두고 엘튼은 약물과다로 병원으로 실려 간다. 첫 공연일, 그는 돌아와서 아무 것도 모르는 5만 5천명의 팬들 앞에서 공연한다. 다음 날도 다시 공연했다.

 에저튼은 회상한다. "이 자살 시도는 엘튼의 인생에서 유난히 어두운 시점을 보여줍니다. 지나치게 방종한 삶을 살다가 여기서 모든 게 곪아터져 버립니다."

위 진지하게 대화 중인 플레처와 에저튼.

왼쪽 다저스타디움 관객은 후반작업으로 추가된다.

맞은편 다저스타디움 장면을 촬영하기 전의 에저튼.

위와 **아래** 로켓처럼 공중으로 솟구치기 직전의 모습. 엘튼은 밖으로 날아가버린다.

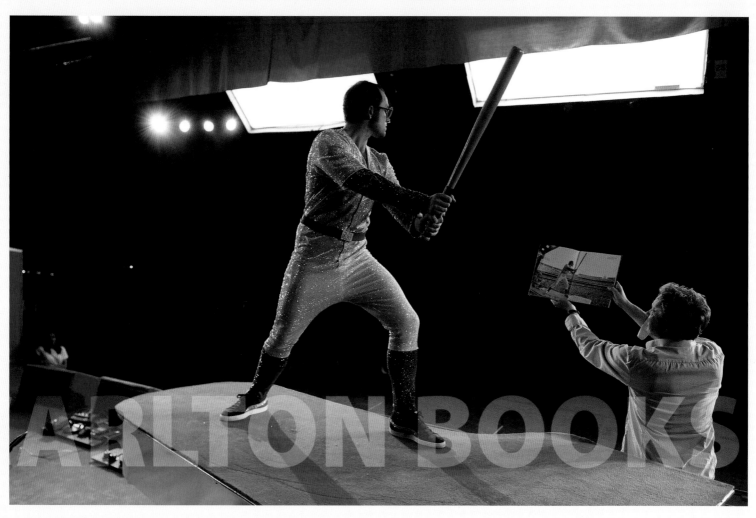

마마 카스의 파티, LA 로렐 캐니언LAUREL CANYON

트루바도 공연을 성공리에 마친 후 버니와 엘튼은 마마 카스의 자택 파티에 초대된다. 실제로는 LA가 아닌 영국 애머샴에서 촬영했다. 에저튼이 설명한다. "여기서 버니는 젊은 여성을 만나 짜릿한 첫 성 경험을 합니다. 엘튼은 어디 있어야 될지, 어떻게 해야 될지 모르고 혼자 남아 외롭고 시무룩한 순간에 빠지지요. 노래 《타이니 댄서》가 그 감정을 잘 표현하지요."

노래가 평온하게 끝나고 우연히 엘튼은 매력적인 존 리드를 만난다. 둘은 시간을 보내고 잠자리를 한다. 키스하기 전 리드는 이런 말로 엘튼의 장래를 예측한다. "당신은 오늘 밤 트루바도에서 무슨 일이 벌어졌는지 모르지? 록 스타의 인생에 그가 어떤 사람인지 정해지는 순간이 있지. 하늘로 떠오르는 그를 대중이 어떻게 받아들일지 결정되는 순간이 있어. 당신은 파란 도화지에 불을 당겼고, 이제 우린 당신이 밤하늘에 내던진 빛과 색깔과 마법을 보지. 어둠이 있었는데 이제 당신, 엘튼 존이 거기 있는 거야. 당신은 원하는 대로 될 수 있어. 이건 거침없는 비상이 될 거야."

"이봐 엘튼. 여기 진짜 끝내주지?"
"그래, 대단해. 분명 딜런DYLAN이
여기 어디 있을걸."

맞은편 플레처는 LA의 로렐 캐니언 같은 풍경을 영국에서 촬영한다.　　　위와 아래 플레처와 청바지 차림의 주인공.　　　뒤 페이지 외로운 엘튼.

엘튼의 LA 저택 : 《로켓맨》 들어오다

엘튼이 수영장 밑바닥으로 뛰어든 것은 웅장한 LA 저택에서다. LA가 아니라 런던 《포터스 바 Potters Bar》 근처 브룩만스 파크에서 촬영했다. 플레처는 말한다. "사람들이 LA로 알만한 곳을 찾을 때 맨 먼저 《포터스 바》가 떠올랐습니다. LA 장면을 영국에서 촬영할 때 가장 큰 난관은 날씨, 야자수, 적당한 수영장이지요." 수영장이 맞아떨어져야 했다. 영화의 가장 마음 아픈 순간을 촬영할 곳이기 때문이다. 그때 《로켓맨》이 치고 들어온다.

맞은편 "내가 어디 있는 거지?" 엘튼은 어두운 곳에 빠져든다.
아래 마약이 효과가 없다.
맨 아래 차트 순위가 못마땅하다고 리드에게 설명하는 엘튼.

★ CHAPTER 8 　다음에 장난을 할 때는

다음에 장난을 할 때는

3막 서두에서 엘튼은 나선형 계단의 꼭대기에 서 있다. 계단은 그를 1970년대 후반을 지나 1980년대 초로 데려간다. 결국 그는 삶을 구원해줄 재활시설로 들어간다.

춤추다

플레처 감독은 엘튼 존과 존 리드의 화려한 댄스곡으로 가장 크고 화려한 세트에서 춤추는 다양한 장면들을 구성했다. 엘튼과 리드의 관계를 보여주고 《홍키 캣》을 색다르게 들리게끔 할 수 있었다.

모자 부분은 마지막 편집에서 제외되었지만 이 장면은 그야말로 화려한 춤이 펼쳐진다. 플레처는 《싱잉 인 더 레인Singing in the Rain》 같은 우아함을 원했다. 그는 이렇게 회상한다. "모자를 머리에 쓰면 부유함과 방종, 사치의 느낌이 물씬 나게 했지요. 어느 시점에서 엘튼 존은 레코드 판매고의 5퍼센트를 받았습니다. 어마어마한 거액이니까 노래는 축하 분위기가 나야 했습니다. 그게 그 당시 엘튼의 현실이었으니까요. 하지만 그가 현실에서 멀어지게 되는 대목이기도 하지요."

맞은편 엘튼의 치수를 재는 춤추는 재단사들.
아래 춤과 노래 장면의 편집된 부분

"당신은 백만장자 록 스타인데 엄마랑
집에서 살지. 이제 어른이 될 때라고.
심각한 상황이야. 용기를 내.
크게 생각하라고.
진짜 원하는 게 뭐야?"

《원더랜드》 지하

마약 중독이 극에 달하자 엘튼 존의 기분은 최악이었다. 모든 게 손에서 빠져나갔고, 끊이지 않는 연애와 일과 리무진으로 이어지는 삶이었다. 외설스런 파티는 마침내 뉴욕의 지하 《원더랜드》 클럽으로 내려간다. 거기서 엘튼은 모든 욕망에 탐닉한다. 엘튼이 대형 계단을 내려와 열광적인 연인들과 환락에 빠진 인파 속으로 들어가면서 장면은 마무리된다. 마커스 로랜드는 설명한다. "기본적으로 굉장히, 굉장히 현란하고 그 정도가 지나치죠. 1980년대 분위기 그대로입니다." 플레처 감독은 이렇게 말한다. "《원더랜드》는 시각에 따라 최고점도 되고 최저점도 됩니다. 이 이야기에서 엘튼이 자신을 잃어버리는 곳이 바로 여기거든요!"

아래 엘튼과 일행이 《원더랜드》에 도착한다.

맞은편 위 클럽은 왕을 환영한다.

맞은편 아래 엘튼은 클럽으로 들어오는 베니 같은 과도한 인물들을 만난다.

뒤페이지 《베니와 더 제츠》 장면은 마약과 섹스를 다룹니다. 사실 로큰롤에 대해서는 별로 이야기하지 않아요." 에저튼이 촬영하면서 설명했다.

"결점을 드러내지 않으면 있는 그대로를 보여줄 수가 없지요." 덱스터 플레처

파크랜즈 병원

엘튼은 삶이 파멸의 나락에 떨어진 걸 깨닫고 재활을 통해 정신을 차리려고 파크랜즈 병원으로 향한다. 사실 그는 영화 내내 거기 있었다. 이제야 자아를 찾아서 떠나기로 결정한다. 영화 내내 파크랜즈가 자주 등장한다. 거기서 엘튼은 관객과 재활 그룹에게 이야기의 어떤 부분에 대한 감정을 밝히기도 하고 거짓말도 한다. 미국의 마약 재활 시설 장면은 영국 허트포드셔에 있는 《베이커브리 맨션Bakerbrie Mansion》에서 진행되었다. 플레처는 말한다.

"처음 이 장소를 본 순간 바로 여기라고 느꼈습니다. 밖에서 간호사들이 휠체어를 밀고, 환자들이 휠체어에 앉아 있죠."

> "엘튼은 치료그룹에서 인생사를 털어놓고,
> 악마를 내쫓고서 자신과 화해합니다.
> 결국 회복으로 가는 길에 접어들지요.
> 마음속으로 인생에서 중요한 이들을 다 찾아갑니다.
> 가족, 친구들,
> 그가 엘튼 존이 되기까지 도와준 이들."
>
> 태런 에저튼

오른쪽 의기양양하게 노래할 준비를 하고 재활 시설에서 나오는 엘튼

★ CHAPTER 9　세상에서 가장 큰 플랫폼 부츠

세상에서 가장 큰 플랫폼 부츠

태런 에저튼은 상상도 못하던 엘튼 존 역을 맡아서 기쁘다. 하지만 인물을 강렬하고 매혹적으로, 독창적으로 만드는 것은 줄리언 데이가 디자인하고 그가 입은 의상들이다.

데빌

줄리언 데이는 말한다. "이 의상은 영화의 처음과 마지막에 등장합니다. 내가 처음 디자인했고 머릿속으로 그리던 의상이었습니다. 꿈을 꾸기도 했어요."

엘튼이 중독 상태를 감당할 수 없어서 재활시설 행을 결정하는 것은 이 《데블 의상Devil costume》을 입고서다. 에저튼은 말한다. "빛과 어둠 사이에서 겪는 갈등이 의상에 드러납니다."

맞은편 휴식 중인 악마
아래 에저튼은 이 의상에 "악마의 요소도 있고 천사의 요소도 있지요" 라고 말한다.

"의상은 엘튼에게 갑옷과 같습니다. 그는 경험을 이야기하면서 치유 과정을 시작하지요.
점점 편안해지면서 걸친 옷들을 벗기 시작합니다. 영화 후반에 복슬복슬한 따뜻한 가운을 입고 있지요.
안경만 끼고요. 이것은 스토리를 통해 그의 성장을 보여주는 상징입니다."

태런 에저튼

1960년대에 엘튼은 블루솔로지 밴드와 6개월간 영국 투어를 했다. 이때 요란한 옷차림의
미국인들과의 만남이 이 시기의 의상 선택에 영향을 미쳤다. 곧 단조로운 색상과 결별했다.

"《로켓맨》은 영화의상 디자이너에게 완전한 꿈의 작업이지요. 어느 디자이너에게도 꿈의 작업일 거라 생각합니다."

줄리언 데이

화려한 옷

"이 의상은 엘튼의 트루바도 데뷔를 위해 디자인했습니다. 실제 의상을 살짝 참고해서 파격을 가했지요"라고 줄리언 데이는 설명한다.

　이전 장면에서 엘튼은 플랫폼 부츠를 선택하면서 작사가인 버니에게 말한다. "강렬한 인상을 줄 필요가 있다니까, 버니. 멋질 거야. 거기 나랑 피아노만 있는 거지." 트루바도에서 엘튼의 플랫폼 부츠가 모두의 시선을 빼앗는다. 에저튼은 말한다. "화려하고 굽이 높은 구두는 피아노 연주에 불편하겠지만, 엘튼에게 가장 상징적인 첫 공연을 할 수 있다는 자신감과 힘을 주었습니다."

맞은편 패션에 대한 열정을 발견하기 전의 엘튼.
아래 버니는 트루바도 공연에서 입은 멜빵바지와 플랫폼 부츠에 대해 얼간이로 보일 거라고 말한다. 《로켓맨》의 의상 감독 줄리언 데이의 생각은 다르다.

버스비 버클리|BUSBY BERKELEY

"《홍키 캣》 의상은 명성을 얻고 거부가 되는 엘튼을 보여주는 수단입니다. 영화감독이자 안무가인 버스비 버클리의 의상과 흡사하죠"라고 줄리언 데이는 강조한다. 《홍키 캣》의 배경에 엘튼의 급격한 성공과 엄청난 부를 표현하는 부분이 있다. 에저튼은 말한다.

"엘튼이 자아를 발견하는 대목이지요. 그래서 이 곡에 등장하는 의상은 화려함과 색채와 활기가 커지는 양상을 보이면서 대규모 댄스곡으로 확장됩니다. 저와 리처드 매든의 댄스도 들어갑니다. 여기서 회전하는 큰 음반 위에서 춤추죠."

맞은편 편안한 착지를 돕는 댄서들

왼쪽 위 안락과 호사 속에서 세련되게 즐기는 엘튼과 리드.

오른쪽 위 《탑햇Top Hats》 공연은 마지막 편집에서 제외되었다.

아래 삶을 즐기는 엘튼과 리드. 최종본에서 삭제된 장면.

조류 의상 BIRD SUIT

영화에서 엘튼의 주변 인물들은 대부분 단정한 정장 차림이다. 반면 영화가 진행되면서 그는 점점 화려한 의상을 입게 되고 무채색 속에서 두드러진다.

에저튼은 말한다. "이 의상이 무척 마음에 듭니다. 영화의 어느 시점에서 엘튼은 상황이 삐걱댄다고 느끼고 새로 얻은 성공과 명성으로 만족 못하기 시작합니다. 바로 이때 줄리언이 이 의상을 선보이죠."

엘튼이 존 리드와 싸운 후 《로열 앨버트 홀Royal Albert Hall》 공연에서 입은 《조류 의상》은 엘튼의 모순된 삶을 표현한다. "이 장면을 촬영할 때 대본에는 내가 무대에 들어간다고만 나와 있었어요. 그런데 나도 모르게 공중으로 점프하며 멋진 닭처럼 날개를 퍼덕이게 되더라고요" 라고 에저튼은 밝힌다.

에저튼은 장시간에 걸쳐 이 의상을 가봉했다. "만드는 데 몇 시간이나 걸렸지요. 무척 힘든 과정으로 느껴질 수도 있습니다. 그런데 줄리언 같은 사람이랑 작업하면 시간이 후딱 지납니다. 창의적일 뿐 아니라 진짜 배려 깊은 사람이거든요."

맞은편 멋진 닭
아래 컬러풀한 조류 의상은 엘튼의 불행을 감춰준다.

"엉덩이가 커 보여야 되는 의상이죠. 다행히 내 엉덩이가 큰 편이에요."

태런 에저튼

맞은편 위 리처드 매든, 태런 에저튼, 조지 리치먼드(촬영감독), 애덤 볼링 (프로듀서), 덱스터 플레처.
맞은편 아래 《로열 앨버트 홀》에 공연하러 가기 전, 엘튼은 존 리드와 몸싸움을 벌인다.
아래 영화 의상디자이너 줄리언 데이.

"처음에는 엘튼의 마음에 들 의상을 제작하려고 생각했습니다. 그의 삶을 기리는 영화니까요.
그를 온전하게 보여주는 의상을 만들고 싶었지요. 엘튼이 세트를 보러 촬영장에 왔을 때, 난 의상 스케치를 보여주었습니다.
그가 흡족해서 한시름 놓았습니다. 엘튼이 마음에 든다는데 누가 왈가왈부 하겠어요."

줄리언 데이

가라앉기

"이것은 엘튼이 오스트레일리아에서 선보이는 의상입니다. 원래는 루이 14세 복장이었지만, 난 이번에도 좀 다르게 만들고 싶었습니다. 그래서 영국 최고의 아이콘인 여왕 엘리자베스 1세 Queen Elizabeth I를 떠올렸지요. 아주 근사한 당시의 구두를 신길 수도 있었지만, 닥터 마틴Dr. Martens 부츠와 매치했습니다." 줄리언 데이는 말한다.

촬영장에서 에저턴은 의상 선택의 중요성을 잘 알았다. 또 불편하더라도 의상이 장면과 맞아야 된다는 걸 이해했다.

"이런 배역을 맡으면 의상이 불편하더라도 받아들여야 됩니다. 엘튼의 폐쇄공포증, 그의 갇힌 느낌이 중요하죠. 그가 선택하는 의상은 점점 갑옷이 되어, 그는 크고 두꺼운 옷으로 자신을 보호합니다."

사실 영화에서 엘튼이 무대에서 돌출 행동을 한 시기도 이즈음이다. 이런 발언은 의상으로 표현되어야만 했다. 에저튼은 이렇게 말한다.

"엘튼이 종교에 대해 횡설수설하는 대목이 있습니다. 그는 대중이 받아들일 거라고 믿고 믿고 나가지요. 엘튼에게 너무 고통스런 순간이지만, 그가 경솔하게 자신을 포기하고 파괴한다는 생각이 듭니다. 하지만 이 거대하고 번쩍번쩍한 실루엣은 배우가 광적인 대사를 하게 해줍니다."

왼쪽 백스테이지의 엘튼 1세 여왕과 존 리드. 삭제된 장면이다.
아래와 맞은편 "짐의 충신들이여!"

"엘튼은 진정한 패션 아이콘입니다. 청각뿐 아니라 시각적으로도 개성과 정체성을 가진 사람입니다. 양쪽으로 엘튼처럼 해낸 사람은 전무후무합니다."

줄리언 데이

"의상을 통해 엘튼을 재현한다는 게 버거웠지요. 멋진 무대 의상을 입는 것과 또 어마어마하게 보유한 걸로
유명한 사람이니까요. 멋진 기회였지만 좀 힘든 기회기도 했습니다."

줄리언 데이

위 무대의상 디자이너 줄리언 데이와 의상들.

왼쪽 화려한 의상 컬렉션.

맞은편 왼쪽 위 줄리언 데이, 태런 에저튼과
새 의상.

맞은편 오른쪽 위 오즈의 마법사 의상을 입은
태런

맞은편 엘튼으로 분한 태런과 환상적인 안경
컬렉션

뒤페이지 엘튼 존과 태런 에저튼.
2019년 2월 24일 《에이즈 재단 아카데미
시상식 관람 파티AIDS Foundation Academy
Awards Viewing Party》에서.

나를 먹어요. 나를 마셔요.

뉴욕의 게이 바에서 촬영된 중요한 《원더랜드》 장면에서 줄리언 데이는 적절한 의상을 택해야
했다. "《버니와 제츠》 장면에 이어 태런이 쿨하고 섹시함을 느껴야 된다고 생각했습니다.
아주 격렬하고 마약이 난무하는 장면이니까요. 결국 엘튼이 몹시 타락한 상황에 빠지니까요.
어두운 면도 있지요."

오즈의 마법사

"이 의상은 영화가 끝으로 접어드는 레스토랑 장면에서 나옵니다. 엘튼이 버니, 어머니와
식사할 때 흐르는 《굿바이 옐로 브릭 로드》를 표현하지요. 덱스터가 말하더군요. '《굿바이
옐로 브릭 로드》 장면을 찍는 걸 알지요? 그 곡에 적절한 의상을 디자인해주겠습니까?' 나는
즉시 《오즈의 마법사》를 떠올렸지요. 그래서 빨간 슬리퍼, 양철 인간을 상징하는 은빛 셔츠,
사자를 상징하는 모피 코트, 허수아비를 상징하는 밀짚모자가 필요했습니다. 그 소품들은
뭔가를 표현하기 위한 것인데 당연히 에메랄드 시Emerald City를 의미하는 작은 에메랄드가
허리띠 버클에 박혔어요. 태런은 작은 에메랄드 귀고리를 착용했고요. 그러느라 귀를 뚫었죠!"
줄리언 데이는 말한다.